CRISTINA CONTILLI

LA PARIS DES IMPRESSIONISTES /

LA PARIGI DEGLI IMPRESSIONISTI

La Parigi degli impressionisti tra attrici,
ballerine e musiciste

SECONDO VOLUME

1

Pour l'e-book:

YOUSCRIBE.COM - PARIS
http://www.youscribe.com/catalogue/tous/art-
musique-et-cinema/beaux-arts/la-paris-des-
impressionistes-deuxieme-livre-2348470

Pour le livre:

Lulu.com
3101 Hillsborough Street
Raleigh, NC 27607
USA

Printed in 2014.

NUOVA EDIZIONE CON L'AGGIUNTA DI UN'APPENDICE DEDICATA ALLE CANTANTI LIRICHE.

Nota della curatrice

Dopo il buon riscontro ottenuto dal primo volume, esce a distanza di alcuni mesi questo secondo catalogo dedicato alle ballerine e attrici che sono state modelle di più importanti pittori della Francia di fine '800. Un libro che ci racconta quali donne hanno ispirato quadri più o meno noti, ma soprattutto che restituisce al lettore l'atmosfera di Parigi nella Belle Epoque. Hanno collaborato alla realizzazione di questa pubblicazione il fotografo e collezionista Domenico Nardozza e gli antiquari Sébastien Boffredo, Marcel Minck e Bruno Tartarin.

BLANCHE BARETTA[1]

---

[1] «Née à Avignon en 1855, Blanche Barretta (Baretta) est, à sa sortie du Conservatoire en 1872, engagée à l'Odéon, puis au Vaudeville en 1873, et entre, en 1875, à la Comédie-Française, où elle devient sociétaire en 1876. Cette actrice au talent souple et fin, au charme pénétrant, s'est particulièrement faite applaudir dans Daniel Rochat, Le Fils naturel, Les Corbeaux, Antigone, Le Gendre de Monsieur Poirier, Le Flibustier, L'Ami Fritz, etc. En 1883, elle épouse l'acteur Worms.»
(Testo tratto da:
http://fr.wikipedia.org/wiki/Blanche_Barretta)

Blanche Baretta in un cdv photo
dello studio Manoury di Parigi,
risalente agli anni '80 dell'800.

**Blanche ritratta
dalla pittrice Louise Abbema.**

Blanche Baretta su Paris Theatre del 1875.

Blanche ritratta dalla pittrice Louise Abbema nelle vesti della primavera in una serie di disegni delle quattro stagioni esposti al Salon parigino del 1882.

LE PRINTEMPS

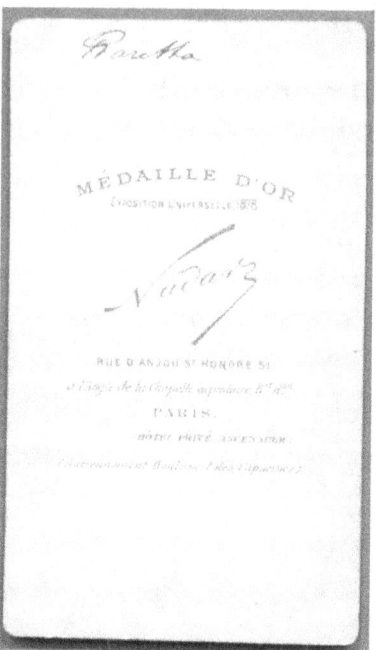

Blanche Baretta in un cdv dello studio nadar di parigi, la foto all'albumina purtroppo e' abbastanza deteriorata, ma nadar resta uno dei fotografi capaci di cogliere meglio carattere ed espressività delle persone ritratte.

Un cdv della Baretta dello studio reutlinger di parigi specializzato per piu' di trent'anni in foto di attrici, dai cdv degli anni '70 dell'800 alle photo / carte postali di inizio '900.

IN UN RITRATTO QUASI
NELLA STESSA POSIZIONE DEL CDV...

**Un altro ritratto della Baretta
realizzato da louise abbema
per una rivista.**

JULIETTE BEAUMAINE

**Juliette nei panni di una lavandaia
in un cdv photo
dello studio Tourtin di Parigi
risalente al 1870 circa.**

Juliette Beaumaine
in Paris Portrait del 1879.
(foto Nadar).

Un palco a teatro di Pierre Auguste Renoir.[2]

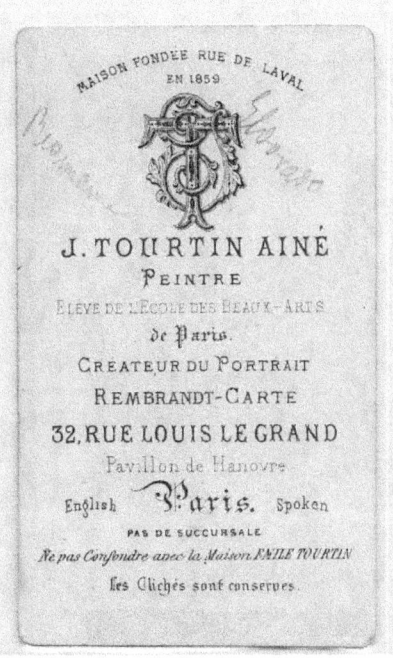

Altri due cdv di Juliette Beaumaine in abito di scena realizzati presso lo studio Tourtin di Parigi attorno al 1865-1870.

Un altro cdv sempre dello studio Tourtin, databile sempre al periodo 1865-1870.

SARAH BERNHARDT

**Una giovanissima Sarah fotografata da Nadar
intorno al 1860-1861
(collezione di Domenico Nardozza).**

**Sarah Bernhardt in costume di scena in una
photo /carte postale con dedica...**

Fronte...

**E retro della carte postale...
rintracciata sul mercato antiquario
nel corso delle ricerche per questo libro.**

**Sarah Bernhardt ritratta
da Julies Bastien Lepage nel 1879.**[3]

---

[3]http://it.wikipedia.org/wiki/File:%C2%A7%C2%A7Bernhard
t,_Sarah_(1844-1923)_par_Jules_Bastien-Lepage_(1848-
1884)_-_1879.jpg

Sarah Bernhardt in una foto di Nadar[4]

---

[4]http://commons.wikimedia.org/wiki/File:Sarah_Berhardt_u m_1865.jpg?uselang=it

Sarah ritratta da Giovanni Boldini.[5]

[5]http://commons.wikimedia.org/wiki/File:Bernhardt,_Sarah_
di_Giovanni_Boldini.jpg?uselang=it

**Sarah Bernhardt nel Ruy Blas di Victor Hugo
in una foto anonima del 1879[6]**

---

[6]http://commons.wikimedia.org/wiki/File:Bernhardt-
1.jpg?uselang=it

**Sarah ritratta nel 1882
da Julius Leblanc Stewart**[7]

[7]http://commons.wikimedia.org/wiki/File:%22Disappointme
nt%22_-_1882_-_Julius_Leblanc_Stewart.jpg?uselang=it

**Due cdv photo anonimi
della Bernhardt a confronto...**

FOTO E RITRATTI DI SARAH BERNHARDT A CONFRONTO... DALLA MIA COLLEZIONE DI FOTO D'EPOCA...

**Sarah Bernhardt in un cdv
dello studio Reutlinger di Parigi...**

In una photo / carte postale sempre del medesimo studio...

MARGUERITE BRESIL

**Marguerite Bresil
in una foto formato cabinet
dello studio Reutlinger di Parigi
(collezione di Domenico Nardozza).**

**Un ritratto di Marguerite
pubblicato nella rivista "Le Theatre"
del 1909.**

**L'atmosfera di un caffè parigino dell'epoca
in un quadro di Renoir.[8]**

[8]http://commons.wikimedia.org/wiki/File:Renoir_%D0%94%D0%
B5%D0%B2%D1%83%D1%88%D0%BA%D0%B8_%D0%B2_%D1%87
%D0%B5%D1%80%D0%BD%D0%BE%D0%BC.jpg?uselang=it

**Marguerite Bresil in una
photo / carte postale
dello studio Reutlinger di Parigi.**

EMILIE BROISSAT (BROISAT)

Emilie Broissat con un costume di scena per l'opera Chatterton (foto Nadar, collezione di Domenico Nardozza).

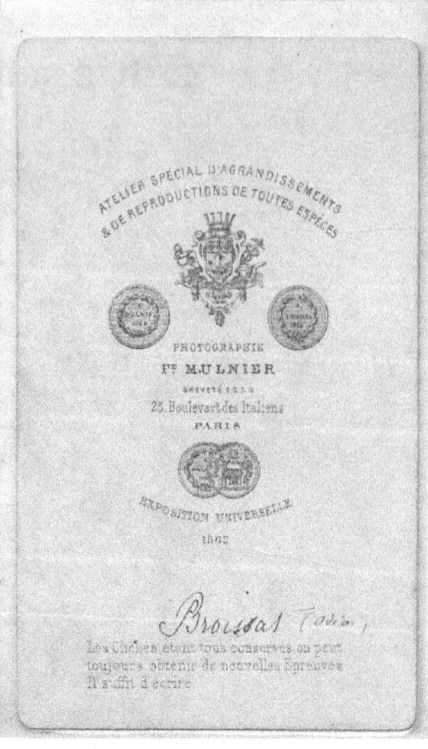

**Emilie Broissat in un cdv photo
dello studio Mulnier di Parigi.
(Oltre al cognome dell'attrice ritratta è stata
aggiunta l'indicazione Odeon che era il nome di
un teatro parigino dell'epoca).**

Emilie ritratta da Renoir.

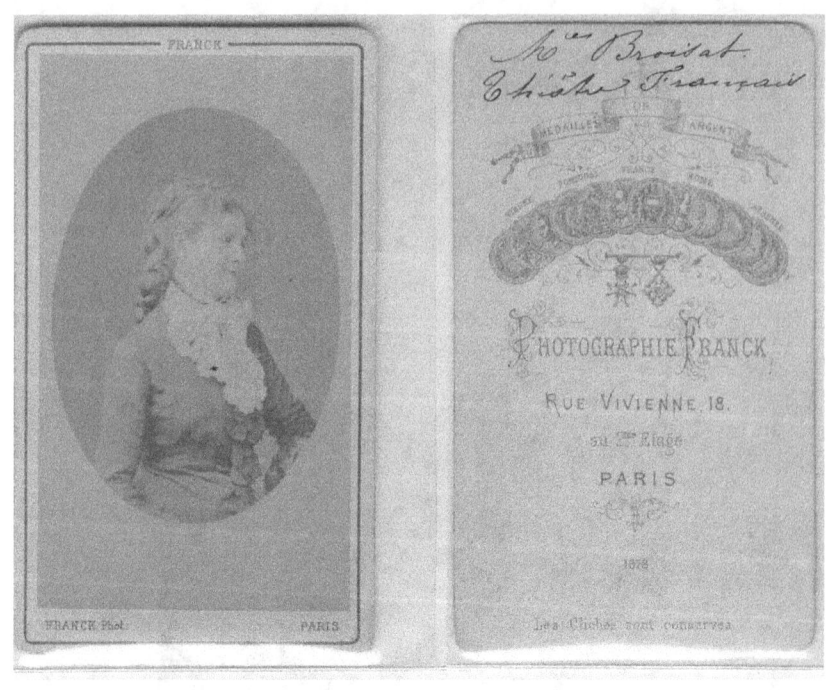

UN CDV DELLA BROISAT DOVE E' INDICATA COME ATTRICE DEL "THEATRE FRANCAISE".

**UN CDV DELLA BROISAT CHE SINTETIZZA
SUL RETRO LE TAPPE DELLA SUA
CARRIERA ARTISTICA.**

SOPHIE CROIZETTE[9]

[9] «Sophie Alexandrine Croizette, par son mariage Mme Jacques Stern, est une comédienne française, née à Saint-Pétersbourg en 1847 et morte à Paris le 19 mars 1901. Sophie Croizette était la fille d'une ballerine française de Saint-Pétersbourg et, selon certains, d'un grand seigneur russe dont elle tenait un type physique légèrement oriental. Elle est élevée dans un couvent à Versailles comme Sarah Bernhardt. Élève de Prosper Bressant au Conservatoire, elle obtient un premier prix qui lui ouvre les portes de la Comédie-Française. Elle y fait ses débuts en 1868 dans Le Verre d'eau d'Eugène Scribe. En 1873, elle est reçue comme la 296e sociétaire. Elle joue au total quarante-cinq rôles pendant ses onze ans de carrière au Français, tenant notamment les rôles de jeune première. Elle est considérée comme la principale rivale de Sarah Bernhardt avec qui elle joue dans Le Sphinx (1873) d'Octave Feuillet[1], L'Étrangère d'Alexandre Dumas fils et Le Mariage de Figaro (1873) de Beaumarchais[2]. Elle habite l'hôtel Le Hon, no 9 rond-point des Champs-Élysées où elle reçoit une brillante société dans son célèbre salon bleu. Son beau-frère[3], le peintre Carolus-Duran a laissé d'elle un célèbre portrait en amazone, prête pour sa promenade quotidienne au bois de Boulogne. À la suite d'une déception sentimentale, elle tente de se suicider en août 1872 en se jetant par la fenêtre tout en se tirant une balle de révolver, mais elle se rate. Elle a une longue liaison avec le riche banquier Jacques Stern, l'un des fondateurs de la Banque de Paris et des Pays-Bas et fils d'Antoine Jacob Stern. Ils ont un fils, Michel. Après un accouchement difficile, elle grossit de manière importante. Elle quitte le théâtre en 1882. En 1885, Jacques Stern et Sophie Croizette régularisent leur union et se marient au château de Fitz-James à Fitz-James (Oise), propriété de Jacques Stern. Ils font embellir le château, y créent en

équipage de chasse à courre. Jacques Stern est élu conseiller général de Clermont en 1894. Mais il meurt bientôt en 1900, suivi dans l'espace d'une année par sa femme et par leur fils. Sophie Stern est enterrée au cimetière de Passy.

Notes et références

↑ Elle tient le rôle de Blanche et Sarah Bernhardt celui de Berthe de Savigny. Le public se divisa entre «croizettistes» et «bernhardtistes». Selon Sarah Bernhardt dans ses Mémoires les deux femmes s'entendaient très bien et étaient plutôt amusées qu'on tente de les opposer. Elle décrit Sophie Croisette comme gaie et aimant à causer.

↑ Elle tient le rôle de Suzanne et Sarah Benhardt celui de Chérubin.

↑ Il avait épousé sa sœur, Pauline Croizette.

**Sophie Croizette in una foto anonima
con firma e dedica, datata 2 gennaio 1870.**

MDLLE. SOPHIE CROISETTE.

Sophie in una litografia...

**Sophie in un cdv photo
dello studio Liebert di Parigi,
risalente probabilmente al 1874.**

Sophie su Paris Theatre del 1874.

43

E ritratta da Carolus Duran.

**E infine Sophie in una foto formato cabinet
dello studio Nadar di Parigi
(collezione di Domenico Nardozza)**

Una Sophie Croizette più matura in un cdv

dello studio Reutlinger di Parigi.

Sophie Croizette in una photogliptye.

ELEONORA DUSE[10]

[10] "Nata a Vigevano (sulla casa natale è stata messa una targa) da una famiglia di attori chioggiotti, crebbe e trascorse l'infanzia tra il nomadismo e il dilettantismo della compagnia girovaga del padre Alessandro Vincenzo Duse e della madre Angelica Cappelletto, andando in scena fin da bambina. La famiglia Duse era imparentata con un'altra famiglia di attori girovaghi, i Vitaliani. Cugina di Eleonora era Italia Vitaliani. Nel 1862, Eleonora, a soli 4 anni, interpretò la parte di Cosetta in una versione teatrale de *I miserabili*. Nel 1878 conquistò il ruolo di prima amorosa nella compagnia Ciotti-Belli Blanes, e appena ventenne fu a capo di una compagnia con Giacinta Pezzana. Alcune memorabili interpretazioni, come *Teresa Raquin* di Émile Zola, le procurarono presto l'adorazione del pubblico e l'entusiasmo della critica. Nel 1879 entrerà nella Compagnia Semistabile di Torino di Cesare Rossi, dove porterà a maturazione una sua poetica che raccoglieva le eredità del passato ma che insieme rompeva con la tradizione grandattorica della prima metà dell'Ottocento.
È proprio in questo periodo, gli anni ottanta, che la Duse compirà le scelte di repertorio che segneranno il suo percorso artistico e la sua carriera. Un repertorio che le permetterà di esprimere il suo sentimento di crisi rispetto all'epoca di cui faceva parte. Vista la sostanziale assenza di una drammaturgia in Italia (di Giacometti, Giacosa, Torelli, Praga si ricorda un'opera a testa, non molto di più) i testi che sceglieva e prediligeva erano perlopiù le *pièce bien faite* francesi: moderne, mondane, di forte richiamo per i mutati gusti del mutato pubblico del secondo Ottocento; meccanismi perfetti che intendevano confermare le norme e i valori borghesi.
Ma nelle mani della Duse i drammi di Victorien Sardou e di Alexandre Dumas figlio diventavano partiture da smontare per

poter essere poi riempite di nuova linfa, del messaggio tutto personale della Duse che quei valori borghesi voleva metterli in crisi, rappresentarli quindi così come nella realtà che la circondava essi si presentavano, non certo confermarli acriticamente. I temi che alla Duse premeva di affrontare erano quelli più spinosi e più rappresentativi della società borghese dell'epoca: denaro, sesso, famiglia, matrimonio, ruolo della donna. Ne usciva il ritratto di una società perbenista ma in realtà ipocrita, luccicante nella vetrina ma marcia nella sostanza, egemonizzata da un dio-denaro regolatore di ogni rapporto umano; un mondo nel quale è impossibile provare delle emozioni sincere. Emergeva poi l'interiorità femminile così come la Duse viveva la sua: un'interiorità rotta, alienata, nevrotica.

Il suo repertorio era moderno e di forte richiamo: dal verismo della _Cavalleria rusticana_ di Giovanni Verga, dove interpretò Santuzza, ai drammi di Victorien Sardou e di Alexandre Dumas figlio che facevano parte del repertorio della grande attrice francese Sarah Bernhardt. Fra le due attrici nacque presto una rivalità che divise i critici teatrali.

Nel 1881 Eleonora Duse sposò Tebaldo Checchi, attore nella sua compagnia; l'unione, dalla quale nacque una bambina, Enrichetta, si rivelò presto infelice e terminò con una separazione definitiva.

Nel 1884 la Duse si legò ad Arrigo Boito, che adattò per lei _Antonio e Cleopatra_ di William Shakespeare. La relazione con Boito restò sempre segreta e durò, fra alti e bassi, per diversi anni: gli incontri avvenivano presso Ivrea al castello di San Giuseppe dimora di un comune amico, Giuseppe Bianchi. In questo periodo, l'attrice frequentò gli ambienti della Scapigliatura, ed il suo repertorio si arricchì anche dei drammi di Giuseppe Giacosa, amico di Boito.

Ebbe una relazione con Lina Poletti che durò due anni.

Negli anni novanta, Eleonora Duse portò sulle scene italiane i drammi di Ibsen, _Casa di bambola_, _La donna del mare_, _Hedda Gabler_ e _Rosmersholm_. Quest'ultimo, in particolare, fu da lei

ripreso anche al Théâtre de l'Oeuvre di Parigi (1898) con la regia di Lugné-Poe, e in un memorabile allestimento con le scene di Edward Gordon Craig (1906).
Nel 1909 Eleonora Duse abbandonò il teatro. Pochi anni dopo, nel 1916, interpretò il suo unico film, *Cenere*, tratto dall'omonimo romanzo di Grazia Deledda.
Tornata sulle scene nel 1921, si spense nel corso dell'ultima *tournée* americana, a Pittsburgh, il 21 aprile 1924. È sepolta nel cimitero di Asolo, secondo la sua volontà."
(Testo tratto da: http://it.wikipedia.org/wiki/Eleonora_Duse)

**Eleonora Duse in un cdv photo
dello studio Dupont di New York del 1896.**[11]

---

[11]http://commons.wikimedia.org/wiki/File:Dupont,_Aim%C3
%A9_(1842-1900)_-_Eleonora_Duse_%C3%AC_--
_New_York,_1896.jpg?uselang=it

Eleonora ritratta da John Singer Sargent nel 1893.

ELEONORA DUSE.

Pach Bros.

935 B'way, N.Y.

COPYRIGHTED BY
CARL & THEO. ROSENFELD.

MARTHE SUZANNE MIETTE

 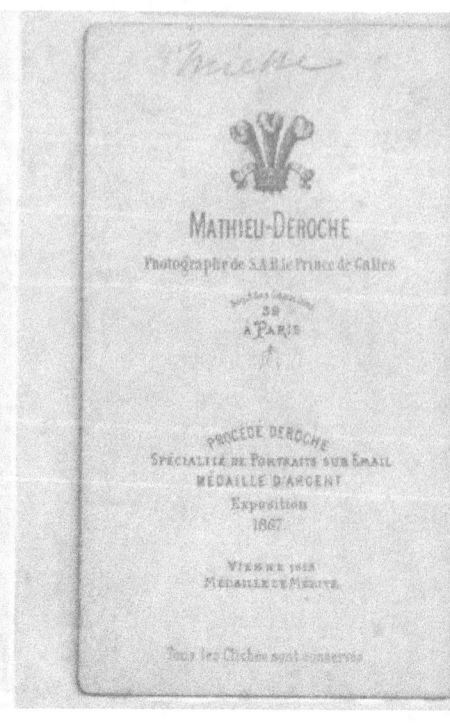

**Marthe Miette in un cdv dello studio
Mathieu-Deroche di Parigi.**

55

E in una cartolina dove viene definita "La cigale parisienne"

Miette su Paris Theatre del 1876.

**Miette ritratta dal pittore
Jules Emile Saintin nel 1875.**

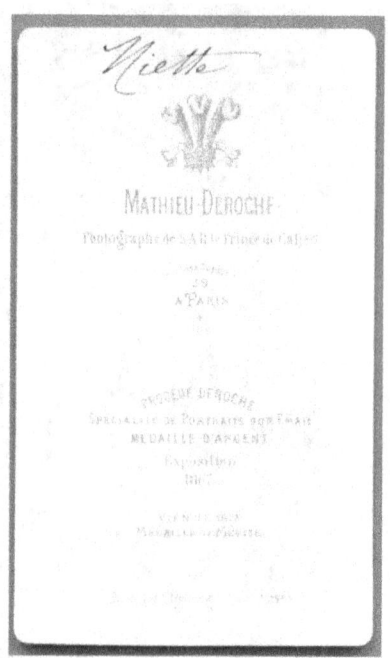

Miette in un cdv dello studio Mathieu-Deroche du Parigi con indosso lo stesso vestito del ritratto precedente.

MLLE BERTHA

[12]http://www.culture.gouv.fr/public/mistral/memsmn_fr?ACTIO
N=RETROUVER_TITLE&FIELD_98=MCL&VALUE_98=%20mat%E
9riel%20photographique&GRP=108&SPEC=3&SYN=1&IMLY=&MA
X1=1&MAX2=1&MAX3=50&REQ=((mat%E9riel%20photographique
)%20%3AMCL%20)&DOM=All&USRNAME=nobody&USRPWD=4
%24%2534P

La foto qui riprodotta è dello studio Manoury di
Parigi, ma Mlle Bertha è stata fotografata due
volte anche da Nadar in abito di scena.[12]

Qui è ritratta, invece, su una rivista teatrale
dell'epoca con un ventaglio in mano.

MLLE GEORGETTE (attrice di varietà)

**CDV PHOTO DELLO STUDIO
ULRIC GROB DI PARIGI...
FRONTE...**

E RETRO...

MLLE JANVIER (cantante lirica)

Mlle Janvier su Paris portrait del 1880.

MLLE LAMARE

**MLLE LAMARE ATTRICE DEL TEATRO
PARIGINO DEL PALAIS ROYAL PHOTOGLIPTYE.**

**MLLE LAMARE
IN COSTUME DI SCENA
SULLA RIVISTA
"LE THEATRE".**

MLLE LEROY
(attrice / cantante di vaudeville)

CDV ANONIMO RISALENTE
AL 1870 CIRCA...
FRONTE...

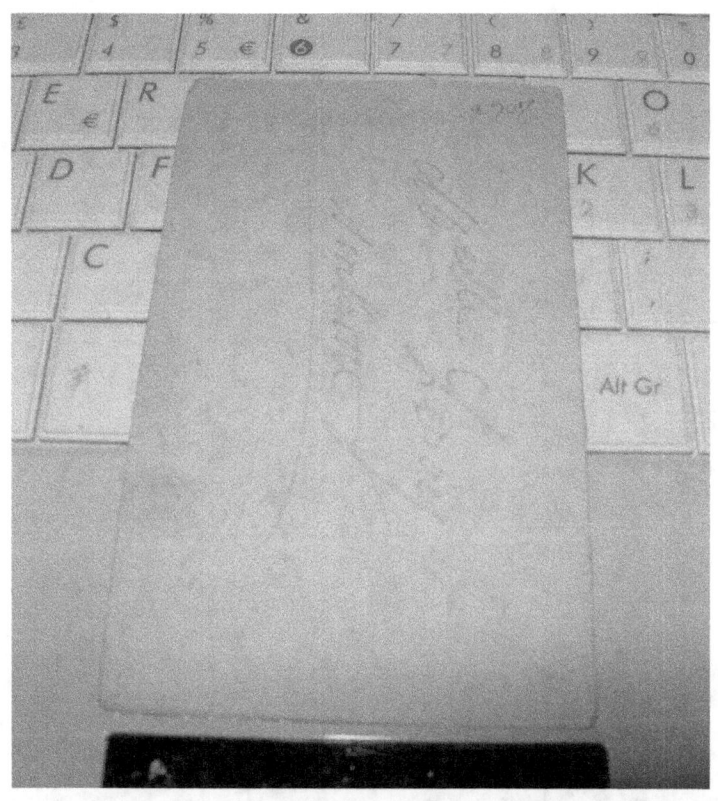

E RETRO...

MLLE LEROY IN COSTUME DI SCENA IN UNA CARTOLINA DI INIZIO '900...

**Mlle Leroy in abito di scena in una foto anonima
proveniente dal fond Levert.**

ADELINA PATTI[13]

13 "Adela Juana María Patti, nome con il quale venne battezzata l'8 aprile 1843, nacque a Madrid, città dove all'epoca lavoravano entrambi i genitori. Il padre era il tenore di forza siciliano Salvatore Patti (1800-1869), la madre il soprano Caterina Chiesa Barilli (deceduta nel 1870) al secondo matrimonio (dal primo, con l'organista, compositore e insegnante di canto romano Francesco Barilli, Caterina aveva avuto quattro figli: l'acclamato soprano Clotilde Barilli, il baritono Ettore, il basso profondo Antonio e il basso cantante Nicolò). Adelina, ultimogenita, non fu l'unica dei figli della coppia a seguire la carriera artistica: le sorelle maggiori Carlotta (1835-1889) e Amalia (1831-1915, che divenne moglie del pianista Maurice Strakosch) furono stimate cantanti, mentre il fratello Carlo (1842-1873) fu violinista e direttore d'orchestra.

Nel 1844 la famiglia si trasferì a New York, dove il padre lavorò dapprima alla Palmo's Opera House (demolita nel 1876) e in seguito (dal 1849 al 1852) come secondo tenore nella compagnia dell'Astor Place Opera House, guidata all'epoca dal compositore e impresario austriaco Max Maretzek. Le famiglie Maretzek e Patti, oltre ad essere vicine di casa, erano legate da rapporti di amicizia e la piccola Adelina, che si contraddistinse fin da piccola per capacità canore o memoria musicale, era spesso incentivata a cantare (in cambio di spiccioli o dolciumi) in occasioni dei raduni delle due famiglie.

La sua formazione canora si deve al fratellastro, Ettore, e al cognato Maurice Strakosch.[3] Si racconta che nel 1850, dopo aver assistito ad un concerto di Jenny Lind, al ritorno a casa fu in grado di ripetere alla perfezione i brani cantati dal soprano svedese.

La prima apparizione pubblica risale al 1852, in occasione di un concerto del violinista Michael Hauser, a cui seguirono numerose tournée negli Stati Uniti e Cuba (dove accompagnò il pianista e compositore Louis Moreau Gottschalk). Il suo debutto operistico risale al 24 novembre 1859 all'Academy of Music Opera House di New York, quando la sua interpretazione di Lucia di Lammermoor di Donizetti, assieme al tenore Pasquale Brignoli, incontrò il favore della critica.[4] Conclusa la stagione a New York, si recò a Londra, accompagnata dal padre, dove fu ingaggiata dal manager del Covent Garden Theatre dove debuttò il 14 maggio 1861 nel ruolo di Amina ne La sonnambula di Vincenzo Bellini, riscuotendo notevole successo. Cantò ad ogni stagione del Covent Garden dal debutto fino al 1884. Si esibì quindi in Germania, nei Paesi Bassi, in Belgio e, nell'autunno dello stesso anno, al Théâtre Italien di Parigi, nuovamente nel ruolo di Amina (16 novembre 1861). In Italia debuttò nella stagione 1865-66. Nel dicembre 1865 è Amina ne La sonnambula e Rosina ne Il barbiere di Siviglia nel Teatro Regio di Torino. Nel 1862 si esibì alla Casa Bianca cantando Home! Sweet Home!, un brano composto da John Howard Payne per l'opera Clari-The Maid of Milan, commuovendo Abramo Lincoln e la moglie (in lutto per la recente perdita del figlio Willie).[5] Adelina rimase legata al brano che divenne uno dei bis più frequenti ai suoi concerti, accanto alla canzone popolare Comin' Thro' the Rye, riveduta nel XVIII secolo da Robert Burns.

Nel 1868 canta durante i solenni funerali nella Chiesa della Trinité di Parigi del compositore Gioachino Rossini ed è Giovanna nella prima rappresentazione nella Salle Ventadour du Théâtre-Italien di Parigi di "Giovanna d'Arco". Al Wiener Staatsoper nel 1876 è Valentine ne Gli Ugonotti con Ernesto Nicolini e Rosina ne Il barbiere di Siviglia.

Al Teatro alla Scala nel 1877 è Violetta ne La traviata e nel 1888 Aida. Al Teatro La Fenice di Venezia nel 1877 con Ernesto Nicolini è Violetta Valery ne La traviata, Rosina ne Il barbiere di Siviglia e Margherita in Faust. Nel 1881 è Gilda nella prima rappresentazione nella Salle Garnier del Théâtre du Casino di Montecarlo di "Rigoletto". Nel 1888 è Giulietta nella prima rappresentazione nel Théâtre de l'Opéra di Parigi di "Romeo e Giulietta" diretta dal compositore.

Nel gennaio 1892 canta in concerto per il Metropolitan Opera House di New York, in marzo debutta come Lady Harriet in Martha e nello stesso mese è Semiramide e Violetta ne La traviata ed in aprile Lucia di Lammermoor e Rosina ne Il barbiere di Siviglia.

Nel 1896 è Violetta nella ripresa de La traviata e Mirka nella prima rappresentazione nella Salle Garnier del Théâtre du Casino di Montecarlo di "Mirka l'enchanteresse" di Pollonais.

La sua carriera proseguì di successo in successo. Cantò negli Stati Uniti, in Europa, in Russia e in Sud America, suscitando ovunque l'entusiasmo del pubblico e della critica; il suo aspetto fanciullesco le conferiva un'ottima presenza scenica.

Nella sua giovinezza, secondo le testimonianze, la voce straordinariamente limpida le consentì di eccellere nei ruoli di Zerlina nel Don Giovanni, Rosina ne Il barbiere di Siviglia (versione per soprano), nonché soprattutto nei ruoli di coloratura di Lucia di Lammermoor e La sonnambula, che saranno sempre i suoi cavalli di battaglia, cimentandosi anche in ruoli più lirici quali Margherita del Faust e Giulietta di Romeo e Giulietta, entrambe di Charles Gounod. Sua celeberrima antagonista fu il soprano ungherese Etelka Gerster.

La Patti era considerata una cantante poco incline alla sperimentazione, il programma dei suoi concerti includeva invariabilmente le stesse arie. D'altro canto fu un'attrice convincente in ruoli patetici come Gilda nel Rigoletto, Leonora nel Trovatore e Violetta nella Traviata. Quando la sua voce maturò, si cimentò in ruoli di maggior peso, in opere come L'Africaine, Les Huguenots e Aida. Nel 1885 giunse a interpretare Carmen al Covent Garden, raccogliendo uno dei rari insuccessi della sua carriera.

Si sposò tre volte: nel 1868 con il marchese di Caux, da cui divorziò nel 1885; nel 1886 a Londra con il tenore Ernest Nicolini, che fu suo compagno anche sulla scena e che morì

nel 1898; nel 1899 con il barone svedese Rolf Caderström, di 27 anni più giovane di lei.
Le è stato dedicato un cratere di 47 km di diametro sul pianeta Venere[6].

Vocalità e personalità interpretativa
Dotata di una voce non potente ma limpida e di splendido timbro nonché di straordinaria estensione e agilità, fu una delle più autentiche dive teatrali del suo tempo e come tale si concesse ogni genere di libertà nell'adattare gli spartiti ai suoi mezzi vocali. Si narra che un giorno, esibendosi nell'aria del Barbiere di Siviglia «Una voce poco fa» accompagnata al pianoforte dall'anziano Rossini, aggiunse una tale quantità di abbellimenti che il compositore, dopo essersi congratulato, le chiese con perfidia chi avesse scritto l'aria.

Eredità artistica
Ritiratasi in un grandioso castello di sua proprietà presso Craig-y-Nos, in Galles, la Patti continuò ad esibirsi privatamente nel piccolo teatro del palazzo. Tra il 1903 e il 1906, ormai sessantenne, decise di incidere la propria voce grazie agli apparecchi della Gramophone Company, che proprio in quel periodo era alla ricerca di cantanti di fama per arricchire il proprio catalogo[7]. Con la Gramophone la Patti incide una ventina di pezzi, spaziando dalle arie d'opera (Casta diva da Norma, Ah non credea mirarti da La sonnambula, ecc.), ad alcune canzoni popolari inglesi in voga alla fine dell'Ottocento. Nonostante l'età la sua voce si mostrava ancora duttile ed armoniosa, il che unito all'antichità della tecnica vocale ha reso le sue registrazioni particolarmente apprezzate ancora oggi da parte degli appassionati del canto pre-verista."
(Testo tratto da: http://it.wikipedia.org/wiki/Adelina_Patti)

~~Adelina Patti con~~ un costume di scena

[14]   http://commons.wikimedia.org/wiki/File:Adelina_Patti-Martha.jpg?uselang=it

in uno scatto della fotografa
inglese Camille Silvy.[14]

E in un ritratto del 1863.

**Adelina Patti in un cdv photo
dello studio Yrondy di Parigi
risalente probabilmente al 1875.**

**Adelina in un ritratto conservato
nel castello inglese
che è stata la sua ultima residenza.**[15]

---

[15] http://www.craigynoscastle.com/page12.htm

**Adelina Patti in un cdv anonimo
risalente al 1890.**

Due cdv photo di Adelina Patti

a confronto.

Adelina in un cdv anonimo
tratto da wikimedia commons

Ed in uno dello studio Reutlinger di Parigi...
appartenente alla mia collezione di foto
d'epoca...

Adelina Patti su "Paris Theatre" del 1873.

Una Adelina più matura sulla rivista
di inizio '900 "Paris qui chante".

Una composizione dedicata alla Patti...

ADELAIDE RISTORI[16]

[16] "Attrice tragica molto nota, con numerosi successi di pubblico[1]. Figlia d'arte, parente di Francesco Augusto Bon, Luigi Bellotti Bon e Laura Bon, e capace di recitare perfettamente in inglese e in francese, riscosse notevoli successi anche all'estero, ricevendo anche elogi da Cavour, che le scrisse:

«Se ne serva di questa sua autorità a pro della nostra Patria, ed io applaudirò in Lei non solo la prima artista d'Europa, ma il più efficace nostro cooperante nei negozi diplomatici.»

La Ristori compì spesso azioni di propaganda, ad esempio nei teatri in cui si esibiva, in terra italiana ma ancora sotto il dominio asburgico o borbonico. Regolarmente, i suoi spettacoli venivano interrotti dalla polizia, poiché la Ristori, già nota per i suoi sentimenti patriottici, dal palcoscenico lanciava slogan a favore dell'Italia e di Vittorio Emanuele II.

Nel 1847 sposò il marchese Giuliano Capranica del Grillo, dal quale ebbe 4 figli; il matrimonio suscitò scandalo, poiché a quei tempi gli attori e le attrici erano considerati esseri umani al margine della società. Divenuta molto benestante, una rarità per le compagnie teatrali dell'epoca abituate a guadagnarsi con fatica il pane quotidiano, possedeva un lussuoso vagone ferroviario personale con cui si spostava tra Parigi, Londra e gli Stati Uniti. Nel 1885 si ritirò dal teatro e in seguito, rimasta vedova nel 1892, passò il resto della vita occupandosi di assistenza ai bisognosi. Scrisse Ricordi e Studi artistici.

Alla sua memoria sono stati intitolati il teatro di Cividale del Friuli ed una tranquilla ed elegante via di Roma, nel quartiere dei Parioli, nelle vicinanze dell'ultima abitazione in cui visse prima di morire. Anche la città di Bologna le ha intitolato una via, nel quartiere San Donato, così come Torino, nel quartiere Regio Parco. Il 7 febbraio

1856 la conclusa ristrutturazione del teatro Valle a Verona viene inaugurata con "Maria Stuarda" di Schiller, protagonista la celebre attrice, che ottiene un tale successo da essere ricordata con l'intitolazione dell'edificio, conosciuto infatti ora come Teatro Ristori. Caduto in abbandono dalla seconda metà del Novecento, è stato nuovamente restaurato e riaperto, con prima serata il 14 gennaio 2012.

Costume

La progettazione dei suoi abiti era affidata a pittori, mentre il confezionamento a sartorie. Abbiamo molte fonti per quanto riguarda i costumi dell'attrice e sono conservate tuttora molte lettere scritte da lei a colleghi e sartorie. Molte di queste, come molti dei vestiti, sono conservati nel Museo dell'attore di Genova. La Ristori porterà un cambiamento riguardante il costume: sarà infatti ella stessa a dedicarsi alla scelta di questi per gli interpreti della rappresentazione. Curerà lei i dettagli e sosterrà lei le spese al posto dell'attore. Tipico dell'epoca era infatti commissionare all'attore il compito di comprarsi e curarsi il vestito; troppe volte questo pesava molto economicamente sulle tasche degli interpreti. La Ristori utilizzerà il costume come suo personale biglietto da visita. Consulterà vari musei, documentazioni, chiederà la collaborazione dei più famosi pittori. Acquisterà molti abiti dal sarto più famoso e importante di Parigi, ovvero Worth.

Maria Antonietta

Debutterà in prima assoluta a New York il 2 ottobre 1867. Il pubblico a cui era destinato lo spettacolo non comprendeva il testo perché appunto in italiano o in francese, così si decise di basare lo spettacolo su un'esteticità visiva, più precisamente sui costumi. Ad ogni atto gli attori cambiavano i costumi. Le scene per lo spettacolo erano commissionate al più importante laboratorio dei teatri lirici, ovvero il teatro San Carlo di Napoli. Il rumore per i costumi della Maria Antonietta fu tale che l'imperatrice Eugenia ottenne di vederli prima che fossero chiusi nelle ceste (contenitori del corredo) e ciò fu sfruttato in senso promozionale. Gli abiti di questa rappresentazione avevano più uno stile ottocentesco che rococò.

Note

^ "Intelligente, colta, magistralmente padrona delle scene, Adelaide Ristori fu una stella di prima grandezza del teatro mondiale e fu idolatrata dal pubblico"; Giorgio Batini, op. cit., pag 118.

^ Gaetano Mantellini, Memoirs and Artistic Studies of Adelaide Ristori, New York, Doubleday, 1907, p. VII.

Bibliografia

Giorgio Batini, Album di Pisa, Firenze, La Nazione, 1972.

Loretta Fasano, Adelaide Ristori. Una cividalese ambasciatrice dell'arte nel mondo, San Giovanni al Natisone (UD), Le marasche, 1994.

Teresa Viziano, Il palcoscenico di Adelaide Ristori, Roma, Bulzoni, 2000.

Liliana Naldini: Adelaide Ristori. La marchesa del Grillo, un'attrice del risorgimento, Alzani, Turin 2000.

Paola Bignami: Storia del costume teatrale Carocci"

(Testo tratto da: http://it.wikipedia.org/wiki/Adelaide_Ristori)

91

Adelaide Ristori in una litografia del 1858.[17]

Adelaide Ristori in abito di scena
un cdv photo del 1861

[17]http://upload.wikimedia.org/wikipedia/commons/a/a1/Adelai de_Ristori_Litho.jpg

dello studio Disderi di Parigi,
proveniente dal fondo Levert.

Adelaide Ristori in un cdv photo
dello studio Bazin di Parigi
risalente probabilmente al 1861-1865.

I due cdv photo a confronto:

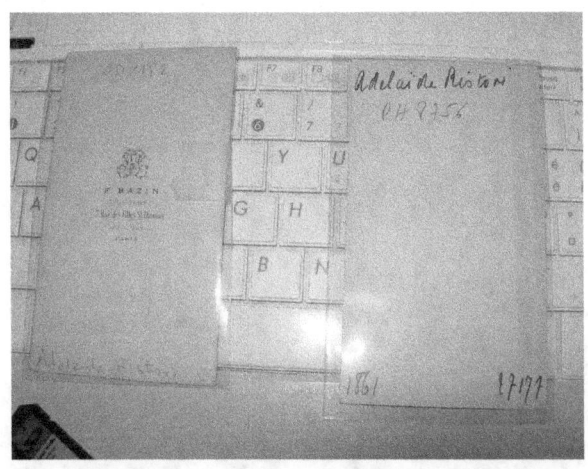

Adelaide Ristori nella Francesca da Rimini di Silvio
Pellico in una litografia del 1855.

Adelaide Ristori nella Maria Stuarda nella parte
di Elisabetta rivale di Maria
in una foto di stampa del 1902.

Adelaide Ristori in costume di scena in un cdv dello studio Petit e Trinquart risalente agli anni '60 dell'800.

MARIE SALLES

Marie Salles, ballerina dell'Operà di Parigi,
in un cdv photo dello studio Martin di Nantes.
Sul retro è scritto: "Souvenir d'affection Marie
Salles 16 ans 8 moins" come si può leggere
nella foto seguente.

"Ballet – L'étoile" di Edgar Degas del 1878[18]

[18]http://it.wikipedia.org/wiki/File:Edgar_Germain_Hilaire_De gas_018.jpg

Rosita Mauri,
ballerina dell'Opera di Parigi di origine spagnola,
probabile ispiratrice del quadro di Degas.

je rends hommage aux vertus du vin Mariani qui m'a souvent rendu mes jambes.

Rosita Mauri

**Una composizione dedicata
alla ballerina Rosita Mauri.**

AIMÉE TESSANDIER[19]

[19] « Aimeé Jeanne Tessandier, née à Libourne, le 26 septembre 1851, morte en 1923. C'est à Reims que Jacques Offenbach, venu spécialement de Paris, proposa un engagement à Aimée Tessandier. En 1885, elle reprit L'Arlésienne qui n'eut pas moins de 500 représentations. Elle débuta au Théâtre-Français de Bordeaux dans les Brebis de Panurge ; passe ensuite à Bruxelles, à Reims, etc. Débute à la Gaîté, dans Le Gascon (1875) et crée Agnès Sorel, dans Jeanne d'Arc (1873). Part pour le Caire, en 1875, y reste deux ans, revient en France, joue un peu en province puis est engagée au Gymnase; débute dans La Dame aux Camélias (1878), et crée L'Âge ingrat, Le Fils de Coralie. Passe à l'Odéon, débute dans Charlotte Corday (1880) ; crée le Voyage de noces, Othello ; reprend L'Arlésienne, Antony, etc. Engagée au Vaudeville, y reprend L'Âge ingrat et crée Georgette (1885) ; joue ensuite Patrie! à la porte Saint-Martin, Les 5 Doigts de Birouk, aux Nations; Marie-Jeanne, à l'Ambigu; L'Affaire Clemenceau, au Vaudeville ; Athalie, Fanny Lear, Les Erynnies, Révoltée, à l'Odéon. Débute à la Comédie-Française, dans La Bûcheronne (création, 13 novembre 1889). Retourne au Gymnase; crée Dernier amour (1890). Crée Lysistrata, au Grand Théâtre (1892), y reprend Sapho. Revient à l'Odéon; y crée Vercingétorix (1893), reprend M. Alphonse (1894). Crée Pour la Couronne (1895). Crée, au Châtelet, Les Fugitifs (1895), Catherine de Russie (1896). Rentre à l'Odéon ; crée Les Perses (1896). Crée, à l'Ambigu, La Maîtresse d'école, La Joueuse d'orgue (1897), La Pocharde, La Corde au cou (1898). Retourne à l'Odéon; crée Les Antibel, Les 1908 Truands, Ma bru (1899), etc. À la fin de sa carrière, elle tourna dans quelques films.
1908: La Petite Marchande de fleurs de Maurice de Féraudy
1909: Le Boucher de Meudon
1912: Pauvre Père de Georges Denola

1913: Les Deux noblesses de René Leprince
1913: Cœur de femme de René Leprince et Ferdinand Zecca
1913: La Leçon du gouffre" de René Leprince et Ferdinand Zecca
1915: La Seconde Mère
1917 Vision tragique : de J.Labruyere
1921: L'Essor de Charles Burguet
(Testo tratto da :
http://fr.wikipedia.org/wiki/Aim%C3%A9e_Tessandier)

**Aimée Tessandier in un cdv photo
dello studio Thiebault di Parigi,
risalente agli anni '70 dell'800.**

Aimée in una foto anonima del 1875.

**Aimée in costume di scena
in un ritratto del 1890.**[20]

[20]http://commons.wikimedia.org/wiki/File:Aim%C3%A9e_Tes sandier_by_Isidore_Alphonse_Chalot.jpg?uselang=fr

**AIMEE TESSANDIER,
LITOGRAFIA E PHOTOGLYPTIE
A CONFRONTO.**

NATACHA (NATALIA) TROUHANOWA

PHOTO / CARTE POSTALE DELLO STUDIO REUTLINGER

**La Trouhanowa nelle vesti di Salomé in una
rappresentazione presso il teatro parigino Gaite
del 1910.**

Una recensione del 1912 dello spettacolo "Miracle" presso l'Olimpia di Parigi (la giovane nel tondo centrale è la Trouhanowa).

YVONNE VEIGNE

**Au dos inscription Tampon rouge:
Portraits d'art Anthony's
31 rue Victor-Massé Paris 9e**

PER CHIUDERE LA COLAZIONE DEI CANNOTTIERI DI RENOIR DOVE APPAIONO TRE FAMOSE ATTRICI DELL'EPOCA:

Angéle Legault (la ragazza seduta al tavolo che sta
parlando con i due giovani accanto a lei)
qui in un cdv photo anonimo risalente
probabilmente al 1865-1870.

**Un altro cdv questa volta di Marie Legault,
sorella della precedente.**

Ellen Andrée (la ragazza che sta bevendo con un'aria pensierosa) qui in una foto di Nadar.

E infine Jeanne Samary (la ragazza che si sta
aggiustando il cappellino)
qui in un cdv photo di Disderi.

BIBLIOGRAFIA ESSENZIALE:

http://fr.wikipedia.org/wiki/Aim%C3%A9e_Tessandier

http://commons.wikimedia.org/wiki/Category:Photographs_o f_Sarah_Bernhardt_by_Nadar?uselang=it

http://metmuseum.org/Collections/search-the-collections/416150?rpp=20&pg=4&rndkey=20130519&ft=*&w hat=Albumen&pos=69

http://fr.wikipedia.org/wiki/Jules-%C3%89mile_Saintin

http://highvictoriana.tumblr.com/page/15

http://data.bnf.fr/14671394/marguerite_bresil/

http://www.culture.gouv.fr/public/mistral/memsmn_fr?ACTI ON=RETROUVER&FIELD_98=MCL&VALUE_98=%20vue%20d e%20face%20&NUMBER=1&GRP=42&REQ=%28%28vue%20d e%20face%29%20%3aMCL%20%29&USRNAME=nobody&US RPWD=4%24%2534P&SPEC=3&SYN=1&IMLY=&MAX1=1&MA X2=1&MAX3=50&DOM=All

http://it.wikipedia.org/wiki/Adelaide_Ristori

http://commons.wikimedia.org/wiki/Category:Adelina_Patti? uselang=it

http://it.wikipedia.org/wiki/File:Pierre-Auguste_Renoir_090.jpg

http://it.wikipedia.org/wiki/Eleonora_Duse

http://it.wikipedia.org/wiki/File:Ellen_Andr%C3%A9e_par_Fe lix_Nadar.jpg http://artmasko.wordpress.com/2009/12/08/la-perfezione-di-un-istante-consegnata-alleternita-quel-sublime-artificio-chiamato-impressionismo/

Volti e figure: il ritratto nella storia della fotografia - Pagina 235
books.google.it/books?id=A-NLAQAAIAAJ
Linda Pagnotta - 2009 - Visualizzazione snippet
Juliette Beaumaine. Jean Tourtin ainé (1 carte de visite).
Marie Roze (1 ... Princesse Cabic (2 carte de visite). Jane May.
Mulnier (1 carte de visite). Attrice. Reutlinger (1 carte de visite). Attrice. Emile Tourtin (1 carte de visite)..

La Vie parisienne - Pagina 681
books.google.it/books?id=X0b... - Traduci questa pagina
Visualizzazione snippet - Altre edizioni
X. NOS PARISIENNES - PROFILS ET Fmmoussæ **Mlle BEAUMAINE Une petite grassouillette con un petit filet de voix (pas gras par exemple) qui ... Mlle Baretta est une des gloires de la Comédie-Française, car elle est une très bonne actrice.**

Salone Margherita: una storia napoletana: il primo café ... - Pagina 13
books.google.it/books?id=NNcaAQAAIAAJ
Vittorio Pallotti - 2001 - Visualizzazione snippet
Vi si esibiranno, fra gli altri, Renard, autore della canzone Les temps des cerises, nonché Théo e **Juliette Beaumaine**, future ... scritturò addirittura un'attrice della Comédie Francaise, la celebre Comélie alla quale nessun funzionario di polizia ...

Les annales du theatre - Pagina 811
books.google.it/books?id... - Traduci questa pagina
eduard noel - 1877 - Visualizzazione snippet

Dans la troupe remarquable qu'il a su réunir cette année, citons les noms de Mme Amiali , Maria Rivière, **Juliette Beaumaine (qui débutera bientôt aux Variétés)**, Andréani, MM. A. Guyon, Perrin, Pacra, Paulus, Gaillard, Victorin, Ducastel, ...

Les soirées parisiennes de [1874-] 1884 - Volume 3 - Pagina 338
books.google.it/books?id... - Traduci questa pagina
Arnold Mortier - 1880 - Visualizzazione snippet - Altre edizioni
... Chaumont; le lion, Dupuis; la girafe, Baron ; le lapin, Christian; le singe, Daniel Bac; l'ours, Chavanne; le mouton, Léonce; le jaguar, Lassouche; la panthère, Angèle; **la colombe, Juliette Beaumaine**; la cocotte, Marguerite — j'en passe!

La lanterne magique: Camées parisiens, La Comédie française
books.google.it/books?id... - Traduci questa pagina
Théodore Faullain de Banville - 1883 - Visualizzazione snippet - Altre edizioni
JULIETTE BEAUMAINE ll faudrait représenter en buste cette jolie Parisienne plus moderne que tout, mince, mignonne et grassouillette avec des trous partout; car ses bras, ses seins et ses épaules ont fait la fortune de tous les vaudevilles, ...

Les Annales du théâtre et de la musique - Volume 15 - Pagina 302
books.google.it/books?id... - Traduci questa pagina
Édouard Noël, Edmond Stoullig - 1890 - Visualizzazione snippet - Altre edizioni
Nous citerons une mignonne débutante, Mlle Freder; qui a des faux airs de **Mlle Juliette Beaumaine**; puis une duègne agréable à voir — ce qui est rare — Mme Durocher, et enfin le comique Germain, qui excelle toujours dans le genre ...

Les jolies actrices de Paris - Paul Mahalin - Google Books

books.google.com/.../Les_jolies_actrices_de_Paris....
Rosélia Rousseil Odéon XVIII Les sœurs Lynnès Menus
Plaisirs Gi XIX **Emilie Broissat Comédie Française**. 63.
Marie Magnier PalaisRoyal. 65. Ribeaucourt ...

Titre : La Presse (Paris. 1836) Titre : La Presse Éditeur : [s.n.]
(Paris ...
gallica.bnf.fr/ark:/12148/bpt6k514432c/texteBrut
Les rôles principaux sont interprétés par Porel, Noël
Martin, Georges Richard, Clerh, François, **Mmes Emilie
Broissa**t,Leonide Leblanc, Defresne et Fassy.

Titre : La Presse (Paris. 1836) Titre : La Presse Éditeur : [s.n.]
(Paris ...
gallica.bnf.fr/ark:/12148/bpt6k5144310/texteBrut
No/Mme, **interprétée par** Porel, Noël Martin, Georges
Richard, Baillet, Clerh, François, Valbel, **Mmes Emilie
Broissat**, Léonide Leblanc, Defresne et Fassy.

La vie à Paris ... - Pagina 195
books.google.it/books?id=5PTZcyejzm4C - Traduci questa
pagina
Jules Claretie - 1881 - Visualizzazione snippet - Altre edizioni
**Mlle Marthe Miette, qui montre au Palais-Royal son fin
profil de brune**, tout enfant posait les petites italiennes dans
les ateliers avant de servir de modèle élégant à M. Saintin.
C'est en la voyant arriver, toute petite, avec des yeux
troublants...

Le livre des courtisanes: archives secrètes de la police des ...
books.google.it/books?isbn=284734344X - Traduci questa
pagina
Gabrielle Houbre - 2006 - Visualizzazione snippet - Altre
edizioni
Les clandestines que l'on y rencontre le plus souvent relèvent
cependant plutôt de la middle class: Boot, Lucie Léger ou

Marthe Miette, de même que les habituées qui se pressent aux soirées dansantes de Markowski**, comme Malvina, ...

Revue artistique - Volume 6 - Pagina 342
books.google.it/books?id... - Traduci questa pagina
1883 - Visualizzazione snippet - Altre edizioni
Marthe Miette une des plus piquantes soubrettes du Palais-Royal a été un des modèles les plus recherchés dans un: douzaine d'ateliers de Paris ; M11c Meyer qui a créé La Vénusde Cordes à [Ambigue était le modèle aristocratique par ...

L'illustration - Volume 104 - Pagina 46
books.google.it/books?id... - Traduci questa pagina
1894 - Visualizzazione snippet - Altre edizioni
Mais il _v avait de la grâce et du charme dans ses féminités et le joli vigage brun de Mlle Marthe Miette l'avait très souvent ettrès agréablementinspiré. **Marthe Miette! Un joli nom, aussi, un nom deroman. C'était une actrice, apparue, disparue,...**

My Double Life: The Memoirs of Sarah Bernhardt
books.google.it/books?isbn=0791440532 - Traduci questa pagina
Sarah Bernhardt - 1999 - Biography & Autobiography
It is true that I had come from the Conservatoire, but I mixed with nobody there except for Marie Lloyd and Rose Baretta, the elder sister of **Blanche Baretta...**

Women in the Fine Arts, from the Seventh Century B.c. to the ...
books.google.it/books?isbn=1406846309 - Traduci questa pagina
Clara Erskine Clement - 2007 - Anteprima - Altre edizioni
In 1887 her bust of the danseuse, Marie Salles, was purchased by the Government for the Opera; in 1888 she

exhibited a plaster statue, the "Young Scholar," and the following year the bust of her father; in 1890 a "St. Sebastian" in high relief; ...

Cartier - Pagina 331
books.google.it/books?isbn... - Traduci questa pagina
Hans Nadelhoffer - 2007 - Anteprima - Altre edizioni
2 The 'Recamier' hairstyle was popularized by **the actress Marguerite Bresil**. 2" According to the 1903 edition of the Revue de la bijouterie, joaillerie et or/hrerie, there was considerable demand for turquoise jewelrv at the time, especially in ...

Catalogue des films projetés à Saint-Étienne avant la ... - Pagina xl
books.google.it/books?isbn=2862721824 - Traduci questa pagina
Centre d'études foréziennes - 2000 - Anteprima - Altre edizioni
... Saint-Étienne, 15 avril 1910 lnfidélité d'Ernest (L') (210 m - 1910) Scène comique, Production S.C.A.G.L. (Pathé) Scénario : Henri de Gorse lnterprètes : Prince (Ernest Dutremplin), Albens (le suiveur), **Marguerite Brésil (Paméla),** Mary Hett ...

Tables des principales positions géonomiques du globe: ... - Pagina 292
books.google.it/books?id... - Traduci questa pagina

Souvenirs sans fin: Deuxième epoque (1908-1920) - Pagina 37
books.google.it/books?id... - Traduci questa pagina
André Salmon - 1956 - Visualizzazione snippet - Altre edizioni
Ce qui est assuré, c'est qu'il était le père de la pimpante Marguerite Brésil, comédienne et chanteuse et, semble-t-il, femme d'esprit. Je n'aurai vu qu'une seule fois sur la scène Marguerite Brésil. Ce fut à l'Odéon, dans le Glatigny de Catulle ...

...1900, par Paul Morand - Pagina 201
books.google.it/books?id... - Traduci questa pagina
Paul Morand - 1931 - Visualizzazione snippet

... those whom Gil Bias calls "charming swallows flying from the nip of the hoar-frost," Yvonne de Flora, **Marguerite Bresil**, Gaby de Naval, Chichi, Blanche Biron (just seventeen, with almond eyes) , Blanche d'Argel and Gabrielle de Guestre.

A Life of Picasso: 1907-1917 - Pagina 204
books.google.it/books?isbn... - Traduci questa pagina
John Richardson, Marilyn McCully - 1996 - Visualizzazione snippet - Altre edizioni
23 According to Serge, bresil (the handsome son of a well-known journalist and brother of **the musical comedy actress Marguerite Bresil)** was too silly to fill the vacuum caused by Laurencin's departure. The poems that Apollinaire composed in ...

Revue des deux mondes - Pagina 457
books.google.it/books?id... - Traduci questa pagina
1908 - Visualizzazione snippet - Altre edizioni
A côté d'elle, **Mlle Marguerite Brésil a été à peu près parfaite de «** **rosserie » mondaine dans le rôle de Mme Destrier.**

UNA PANORAMICA SULLE CANTANTI LIRICHE DI FINE '800 RITRATTE DA FOTOGRAFI COME DISDERI E LIEBERT E POI PUBBLICATE SULLE RIVISTE DELL'EPOCA...

EMMA ALBANI

**EMMA ALBANI IN UN CDV ANONIMO
RISALENTE AL 1870 CIRCA
(DA WIKIMEDIA COMMONS)**

126

CDV PROBABILE DELLA ALBANI DELLO STUDIO
NADAR DI PARIGI.
(1870-1875 CIRCA).

**MARIETTA ALBONI
(DALLA COLLEZIONE
DI DOMENICO NARDOZZA)**[21]

---

[21] Biografia e foto della Alboni:
http://it.wikipedia.org/wiki/Marietta_Alboni

MARIETTA ALBONI IN UNA FOTO DEL 1862
(DA WIKIMEDIA COMMONS).

**MARIETTA IN COSTUME DI SCENA
(FOTO PROVENIENTE DALLA COLLEZIONE
DI DOMENICO NARDOZZA)**

**CHRISTINE NILSSON IN UNA FOTO
E IN DUE RITRATTI TRATTI
DA WIKIMEDIA COMMONS**[22]

[22] http://it.wikipedia.org/wiki/Christina_Nilsson

CHRISTINE SU PARIS THEATRE DEL 1874.

**CHRISTINE IN UN CDV
DELLO STUDIO REUTLINGER...**

FRONTE...

E RETRO...

CHRISTINE NILSSON

METROPOLITAN
OPERA HOUSE.

MR. HENRY E. ABBEY, ... Director-
Acting Manager . . . . MR. MAURICE GRAU.

MONDAY EVENING, OCTOBER 22, 1883,

INAUGURAL NIGHT

First Night of the Subscription,

WHEN GOUNOD'S OPERA OF

"FAUST."

Will be presented with the following Cast:

FAUST, ... Sig. ITALO CAMPANINI
MEPHISTOPHELES, ... Sig. FRANCO NOVARA
VALENTINO, ... Sig. GIUSEPPE DEL PUENTE
WAGNER, ... Sig. CONTINI
SIEBEL, ... Mme. SOFIA SCALCHI
MARTA, ... Mlle. LOUISE LABLACHE
(Who has kindly consented to assume the part at short notice.)
AND
MARGHERITA, ... Mme. CHRISTINE NILSSON

Musical Director and Conductor, · Sig. VIANESI

WEBER PIANO USED.

Mason & Hamlin's Organ Used.

All the above Operas performed at this House can be had in every form, Vocal and Instrumental
at G. SCHIRMER, No. 35 Union Square, Importer and Publisher of Music.

The Scenery by Messrs. Fox, Schaefer, Maeder, and Thompson.
The Costumes are entirely new, and were manufactured at Venice by D. Ascoli
The Appointments by Mr. Bradwell.
Machinists, Messrs. Landy & Gifford.

NIGHTLY PRICES OF ADMISSION:

Boxes, holding six (6) seats $50
Orchestra Stalls 6
Balcony Stalls 3
Family Circle (reserved) 2
Admission to Family Circle 1

Seats and Boxes can be secured at the Box Office of the Metropolitan Opera House, which
will remain open daily from 8 A. M. to 5 P. M.

Doors open at 7.15.   Performances at 8 precisely

UN CDV DELLO STUDIO REUTLINGER DI PARIGI
CHE FA PARTE
DELLA MIA COLLEZIONE...
IN REALTA' ANCHE SE C'E' SCRITTO SUL RETRO
"MLLE NILSSON" HO SCOPERTO CHE LA
RAGAZZA DI QUESTA FOTO E' MARGUERITE
PRIOLA, CANTANTE LIRICA DI CUI SI TROVANO
IN CIRCOLAZIONE POCHE FOTO, ESSENDO
MORTA SUICIDA A SOLI 27 ANNI...

Mᴵˡᵉ Priola.

PAULINE LUCCA

Mme Pauline Lucca

CDV ANONIMO RISALENTE
AL 1880 CIRCA.

LITOGRAFIA TRATTA
DA UNA RIVISTA D'EPOCA

CDV IN COSTUME DI SCENA

142

SPERANZA ENGALLI

CDV PHOTO IN ABITO DI SCENA
DELLO STUDIO LIEBERT... FRONTE..

E RETRO...

SPERANZA IN ABITO DI SCENA
SU "PARIS THEATRE"

SUZANNE REICHEMBERG

**FOTO FORMATO CARTE CABINET
DELLO STUDIO NADAR DI PARIGI.**

2e ANNÉE · Paris : **30** cent. · Départements : **35** cent. · N° 82

PARIS-THEATRE

DRAME · COMÉDIE-FRANÇAISE · COMÉDIE

Mlle REICHEMBERG

Eug. PAZ, Rédacteur en Chef
A. GODEMENT, Administrateur
BUREAUX
23, Passage Verdeau, 23

JOURNAL HEBDOMADAIRE
PARAISSANT LE JEUDI
Du **10** au **16** Décembre 1874

ABONNEMENTS
PARIS . Un an, 14 fr. 6 mois, 7 fr.
DÉPART . id. 16fr. id. 8 fr.
ÉTRANG id. 20fr. id. 10 fr.

**SUZANNE REICHEMBERG IN ABITO DI SCENA
IN UN CDV DELLO STUDIO MANOURY DI PARIGI.**

JEANNE GRANIER

**FOTO FORMATO CARTE CABINET
DELLO STUDIO CHALOT DI PARIGI.**

1re ANNÉE   Paris : **30** cent.   Départements : **35** cent.   N° 86

PARIS-THEATRE

DRAME   RENAISSANCE   COMEDIE

JEANNE GRANIER
(fille de Geoffé-Gireki)

Eug. PAZ, Rédacteur en Chef
A. GODEMENT, Administrateur   ABONNEMENTS
BUREAUX   PARIS . Un an. 14 fr. Six mois. 7 fr
23, Passage Verdeau, 23   DÉPART . id. 16 fr. id. 8 fr.
                                 ÉTRANG.er id. 20 fr. id. 10 fr.
JOURNAL HEBDOMADAIRE
PARAISSANT LE JEUDI
Du **7** au **13** Janvier 1875

LUCIENNE BREVAL

LUCIENNE IN COSTUME
DI SCENA NEI PANNI DI SALAMBÒ...

MADEMOISELLE BREVAL
Rôle de Salammbô

IN UNA FOTO...

E IN UN RITRATTO...

ENTRAMBI TRATTI DA WIKIMEDIA COMMONS...

LO STESSO RITRATTO SULLA RIVISTA
"LE THEATRE" DELL'APRILE 1898.

LA BREVAL IN UNA FOTO DI PROVA DELLO
STUDIO REUTLINGER DI PARIGI, PROVENIENTE
DALLA COLLEZIONE DEL FOTOGRAFO
DOMENICO NARDOZZA.

FIDES DEVRIES

FIDES IN COSTUME DI SCENA IN UN CDV DELLO STUDIO REUTLINGER (COLLEZIONE DI DOMENICO NARDOZZA).

**FIDES SULLA RIVISTA
"LE JOURNAL ILLUSTRÉ» DEL 1885.**

IL PROGRAMMA DEL TEATRO PARIGINO
DE LA GAITE DEL 1907.
ZELIA PROVOST-PONSIN

**FOTO FORMATO CARTE CABINET
DELLO STUDIO NADAR DI PARIGI.**

CDV DELLO STUDIO LIEBERT DI PARIGI
(1880-1885 CIRCA)

ZELIA PROVOST-PONSIN
SU "PARIS THEATRE" DEL 1879.

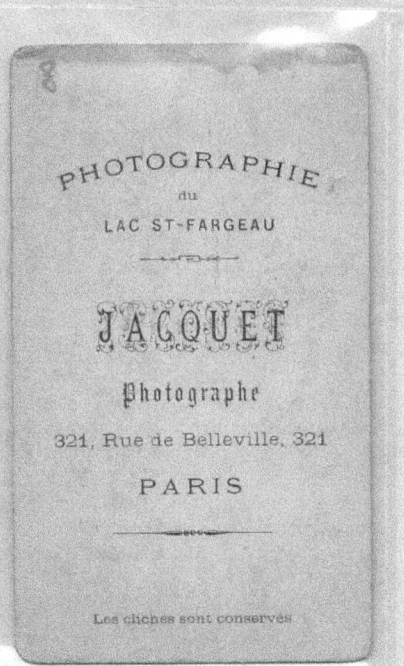

UNA COPPIA DI ATTORI CHE PURTROPPO NON
SONO RIUSCITA AD IDENTIFICARE IN UN CDV
DELLO STUDIO JACQUET DI PARIGI.

ALTRE IMMAGINI RELATIVE ALLE MIE RICERCHE
LE TROVATE SU:

HTTP://WWW.PINTEREST.COM/CCONTILLI/LA-
PARIGI-DEGLI-IMPRESSIONISTI-TRA-ATTRICI-
BALLERI/

PAULINE LUCCA, CDV TRATTO DALLA MIA
COLLEZIONE DI FOTO D'EPOCA, FRONTE...

RETRO...

UNA FOTO CERTA ED UNA DUBBIA DI CHRISTINE NILSSON.... FRONTE... E RETRO DEI DUE CDV...

UN CDV DELLA SOPRANO MARIE SASS DELLO STUDIO PIERRE PETIT DI PARIGI DATATO 1874... FRONTE... E RETRO:::

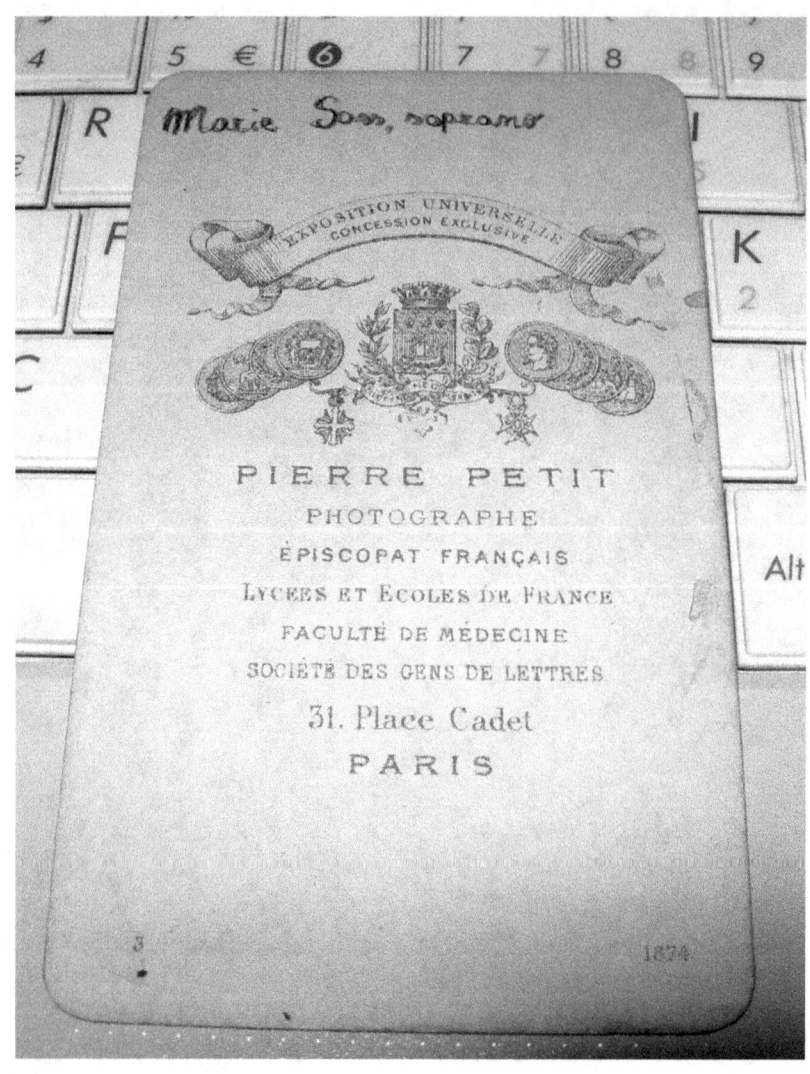

UN'ATTRICE FRANCESE CHE HA LAVORATO IN INGHILTERRA...

ALICE MAROT SU PARIS PORTRAIT E IN UN CDV
DELLO STUDIO LAFOSSE DI MANCHESTER
ENTRAMBI RISALENTI AGLI ANNI '70 DELL'800...

E UN'ATTRICE INGLESE CHE HA LAVORATO
IN FRANCIA...

LILLIE LANGTRY IN TRE CDV PHOTO...

DA SOLA...

E ACCANTO A SARAH BERNHARDT...